AF292274

LE ROI-CITOYEN

OU LE CHOIX NATIONAL;

Biographie Populaire

DE LOUIS-PHILIPPE D'ORLÉANS,

ACTUELLEMENT

PHILIPPE Ier, ROI DES FRANÇAIS.

Examinez ma vie et voyez qui je suis.

PARIS.

AU CABINET LITTÉRAIRE,

Vieille rue du Temple, n° 6.

—

1830.

BIOGRAPHIE

POPULAIRE

DE LOUIS-PHILIPPE D'ORLÉANS.

Le Roi que la nation vient de se donner, le Prince que la France régénérée a, d'un mouvement unanime et spontané, élevé sur le pavois royal, celui dont le nom, comme un gage de salut et de bonheur, s'est trouvé dans toutes les bouches vraiment patriotiques au sein même de la crise terrible dont nous sommes sortis si miraculeusement, Louis-Philippe d'Orléans est depuis long-tems l'objet de l'admiration publique par ses vertus privées, par la noble protection qu'il accorde aux arts et à l'industrie, par son attachement invariable à la sainte cause de la liberté des peuples. Au jour du danger, au moment où l'anarchie pouvait compromettre les résultats de notre grande victoire sur le despotisme, il s'est encore mieux fait connaître à la France : il a prouvé, de la manière la plus éclatante, son dévouement à la patrie, en acceptant, au milieu de circonstances aussi difficiles, la couronne arrachée violemment au front de son indigne prédécesseur ; il l'a prouvé, en consentant à échanger, pour assurer la tranquillité de tous, une existence brillante, paisible, environnée des plus douces affections de famille, des plus précieuses jouissances de la vie privée, contre un trône qui a pour fondement, il est vrai, l'amour et le vœu de la France, mais qui n'est pourtant pas à l'abri de tous les orages. Aussi la France n'oubliera jamais cet immense sacrifice ; aussi se montre-t-elle avide de connaître jusqu'aux moindres particularités de la vie de ce Prince éminemment national, qui fut si long-tems l'objet des sarcasmes et des monstrueuses calomnies d'écrivains soldés par une cour hypocrite, soupçonneuse et perfide. C'est afin de satisfaire en partie cette louable curiosité, que nous allons tracer une rapide esquisse de cette vie toute civique. Il est beaucoup d'hommes qui perdent à être bien connus ; notre Roi ne peut qu'y gagner : comme le panache de son aïeul, le bon Henri :

On le verra toujours au chemin de l'honneur.

———

Louis-Philippe d'Orléans naquit à Paris, le 6 octobre 1773, de Louis-Philippe-Joseph duc d'Orléans, et de Louise-Marie-Adélaïde, digne fille du vertueux duc de Penthièvre. Il reçut à sa naissance le titre de duc de Valois, et ne prit celui de duc de Chartres que lorsque son père devint duc d'Orléans.

Dès l'âge de cinq ans il fut confié aux soins du chevalier de Bonnard, ancien officier d'artillerie, bien connu dans le monde littéraire par des poésies pleines de grâce et de facilité. Plus tard, Mme de Genlis fut chargée de diriger les études du jeune prince dont l'esprit précoce se fit remarquer par des progrès rapides et par un noble désir de s'instruire, bien rare alors dans les enfans de haute naissance. Le genre d'éducation qu'il reçut et les connaissances qu'il y puisa développèrent de bonne heure en lui l'amour de la liberté et le respect des droits de l'humanité. En 1788, dans un voyage au mont Saint-Michel, en Normandie, il fit détruire, plein d'une généreuse indignation, une cage de fer dans laquelle un journaliste hollandais avait langui pendant dix-sept années pour avoir frondé le despotique Louis XIV.

Bientôt les événemens politiques vinrent donner un libre élan à ses sentimens humains et généreux. Il applaudit avec enthousiasme à la révolution qui préconisait l'abolition des abus et des préjugés, la reconnaissance des droits de l'homme, l'égalité des citoyens devant la loi. Un décret de l'Assemblée constituante ayant obligé les colonels-propriétaires de renoncer à la carrière des armes ou de commander leurs régimens en personne, Louis-Philippe, jaloux d'ailleurs de partager les périls des défenseurs de la patrie, parut, dès le 15 juin 1791, à la tête de son régiment, le 14e de dragons, en garnison à Vendôme. Peu de jours après son arrivée dans cette ville il eut le bonheur d'arracher, des mains de la multitude prête à l'égorger, un prêtre insermenté que l'on accusait d'avoir regardé avec mépris une procession faite par un curé constitutionnel. On le vit dans le même tems voler au secours d'un homme qui était sur le point de périr au milieu des eaux, et s'exposer lui-même au plus grand péril pour l'arracher à une mort certaine. La ville de Vendôme, témoin de ces deux actes de courage et d'humanité, s'empressa de décerner une couronne civique au jeune prince qui en était l'auteur. De semblables traits sont nombreux dans la vie de Louis-Philippe ; ils semblent avoir été ses occupations de tous les jours : nous pourrions en citer beaucoup d'autres que sa modestie a privés de la publicité ; mais l'espace nous manquerait pour des faits d'une nature plus importante.

L'année 1792, qui vit éclater la guerre entre la France et l'Autriche, vit aussi commencer la série de ces nombreuses victoires qui placèrent le peuple français au premier rang des nations. Doué d'une valeur digne d'un véritable petit-fils de Henri IV, enflammé d'un patriotisme ardent, mais éclairé, dévoué corps et ame à la liberté de son pays, Louis-Philippe fut heureux de partager les travaux, les périls et la gloire de ses compatriotes. Il fit ses premières armes sur les premiers champs de bataille de la révolution et prit part à toutes les actions d'éclat qui concoururent à la gloire des armées de la république. Le 28 avril 1792, il se distingua à l'affaire de Quiévrain, sous les ordres du brave et malheureux général Biron ; combattit le lendemain à Boussu, et contribua puissamment, par ses bonnes dispositions et son sang-froid, à arrêter les fuyards qui, frappés d'une terreur panique, couraient sur Valenciennes sans être poursuivis.

Nommé maréchal de camp le 7 mai 1792, par droit d'ancienneté, Louis-Philippe commanda, en cette qualité, une brigade de cavalerie, composée des quatorzième et dix-septième régimens de dragons, sous les ordres du maréchal Luckner, se trouva à la prise de Courtrai, et ne cessa d'être à la tête de sa brigade de cavalerie pendant les longues et pénibles marches rétrogrades que nécessita la défense du territoire français envahi par les troupes ennemies.

Ayant été promu, le 11 septembre 1792,

au grade de lieutenant-général et appelé au commandement de Strasbourg , Louis-Philippe, sur l'observation qu'il fit qu'il était trop jeune pour s'enfermer dans une place, obtint et regarda comme une faveur, de rester dans l'armée active. A la grande journée de Valmy, le 20 septembre 1792, chargé du commandement de la seconde ligne de bataille par Kellermann, le jeune prince-général combattit vaillamment à la tête de ses braves , défendit avec intrépidité une importante position qui lui était confiée et partagea la gloire de nos armes dans cette mémorable journée.

Peu de tems après , désigné pour servir dans l'armée de Dumouriez, il y arriva assez à tems pour déterminer personnellement le succès de la bataille de Jemmapes. La force de la position ennemie, protégée par des redoutes formidables, avait ébranlé un moment le courage de nos soldats et éclaircissait leurs rangs d'une manière effrayante ; ils commençaient à lâcher pied en désordre. Louis-Philippe, dans ce moment décisif, parvint à les arrêter avec une présence d'esprit admirable. Il les rallia, forma, de plusieurs bataillons mêlés , un nouveau corps auquel il donna le nom de bataillon de Mons, fit de nouveau

battre la charge, après avoir placé les dra-
peaux au centre, pénétra dans les redoutes,
et s'empara à la bayonnette d'une grande
partie de l'artillerie.

Après cette glorieuse campagne, pendant
laquelle Louis-Philippe se trouva constam-
ment au poste du péril et de l'honneur, la
Convention ayant rendu un décret de bannis-
sement contre tous les membres de la mai-
son de Bourbon, notre jeune prince, dans
la position pénible où cette mesure le plaçait,
eut d'abord l'intention de se réfugier aux
États-Unis ; mais le décret fut révoqué, et
lui laissa la faculté de reprendre du service
en février 1793. Il rendit d'éminens services
dans la malheureuse journée de Nerwinde,
en dirigeant la retraite de l'armée, et en la
ramenant en bon ordre dans la ville de Tir-
lemont : manœuvre habile qui arrêta les résultats probables de la victoire momentanée
des Autrichiens.

A cette époque la révolution avait changé
de face et de caractère : à la place de la liberté, régnaient le brigandage et la terreur.
Le généreux Louis-Philippe, homme et pa-
triote avant tout, témoigna hautement son
indignation ; il fut dénoncé et décrété d'ar-

restation. Dans ces tems d'horrible mémoire, il n'y avait qu'un pas de la prison à l'écha-faud. Louis-Philippe, pour échapper à ce danger, fit ses adieux à ses compagnons d'armes, et se rendit à Mons. L'archiduc Charles lui ayant fait offrir du service dans l'armée autrichienne avec le grade de lieutenant-gé-néral, le prince, quoique réduit à de bien faibles ressources pour subsister, n'hésita pas entre le grade qu'on lui offrait et ce qu'il devait à sa patrie. Il refusa noblement : exemple héroïque qui fut perdu pour tous les lâches et félons citoyens, décorés du titre de nobles, qui si long-tems ont armé les puissances étrangères contre leur patrie.

Ici commencent les longs et pénibles voyages de Louis-Philippe ; et ce douloureux épisode de sa vie lui a mérité un genre de gloire que la postérité regardera comme plus belle encore que celle qu'il avait acquise sur les champs de bataille. Pendant cette série de tribulations qui le frappèrent sans l'abattre, on le voit chercher un asile en Suisse, essayer vainement de se fixer à Zurich et à Zug, subir un examen pour être admis sous un nom supposé en qualité de professeur au collége de Reichenau, sortir triomphant de cette épreuve, enseigner pendant huit mois dans ce collége la géographie, l'histoire, les langues française et anglaise, et les élémens des mathématiques. Ses vastes connaissances et les inappréciables qualités de son cœur lui concilièrent l'estime de tout le canton, et lui valurent l'affection, le respect et la reconnaissance de ses élèves. Ce fut à Reichenau qu'il apprit la mort tragique de son père, de populaire et patriotique mémoire. Cette nouvelle le détermina à quitter la Suisse. Il se rendit à Hambourg, au commencement de l'année 1795. Après avoir séjourné quelque tems dans cette ville, le désir d'acquérir de nouvelles connaissances lui fit reprendre le cours de ses voyages, sans suite et à pied. Il parcourut ainsi le Danemarck, la Norwège, la Laponie, ayant pour principal but de se trouver à l'extrémité du continent à l'époque du solstice. Le 24 août 1794, il était au Cap-Nord : il s'y arrêta quelques jours à dix-huit degrés du pôle, s'avançant dans cette région jusqu'à cinq degrés de plus que le célèbre Maupertuis qui y avait été envoyé pour mesurer un degré du méridien sous le cercle polaire. L'intrépide voyageur vint ensuite en Finlande pour étudier le théâtre de la dernière guerre entre les Russes et les Suédois. Puis il traversa les îles d'Aland, se rendit à Stockolm, visita les mines de la Dalécarlie, et vint se reposer à Mora, dans la même ferme où Gustave-Wasa, proscrit comme lui, avait trouvé un asile.

Pendant ces courses lointaines, la situation politique de Louis-Philippe n'avait pas changée; sa chère patrie lui était toujours fermée; ses ressources pécuniaires suffisaient à peine au strict nécessaire. Au mois d'août 1796, il se trouvait dans le Holstein, lorsqu'il reçut une lettre de la duchesse d'Orléans, sa mère, qui le priait de quitter l'Europe et de passer en Amérique. Louis-Philippe répondit aussitôt par une lettre pleine des sentimens les plus nobles. Voici cette pièce digne d'être conservée : « Quand ma tendre mère recevra cette » lettre, ses ordres seront exécutés, et je serai » parti pour l'Amérique ; je m'embarquerai » sur le premier bâtiment qui fera voile pour » les Etats-Unis... Et que ne ferais-je pas » après la lettre que je viens de recevoir ? Je » ne crois plus que le bonheur soit perdu pour » moi sans ressource, puisque j'ai encore un » moyen d'adoucir les maux d'une mère si » chérie, dont la position et les souffrances

» m'ont déchiré le cœur depuis si long-tems...
» Je crois rêver quand je pense que dans peu
» j'embrasserai mes frères, et que je serai
» réuni à eux; car je suis réduit à pouvoir
» à peine croire ce dont le contraire m'eût
» paru jadis impossible. Ce n'est pas cepen-
» dant que je cherche à me plaindre de ma
» destinée, et je n'ai que trop senti combien
» elle pouvait être plus affreuse ; je ne la
» croirai même pas malheureuse si, après
» avoir retrouvé mes frères, j'apprends que
» notre mère chérie est aussi bien qu'elle
» peut l'être, et si j'ai pu encore une fois
» servir ma patrie en contribuant à sa tran-
» quillité, et par conséquent à son bonheur.
» Il n'y a pas de sacrifice qui m'ait coûté
» pour ma patrie, et *tant que je vivrai, il n'y*
» *en a point que je ne sois prêt à lui faire.* »
Ces trois lignes renferment toute l'ame de
notre roi-citoyen : sa vie civile est là tout
entière : de semblables garanties valent mieux
que des sermens sur l'Évangile.

Louis-Philippe s'embarqua le 24 septembre 1796, et arriva, le 21 octobre, à Phila-
delphie, où il fut rejoint par ses deux frères
en février 1797. Son séjour aux États-Unis
fut employé à étudier ce peuple dont l'in-

dépendance fait la force et le bonheur. Il y fut accueilli de la manière la plus flatteuse par l'illustre président Washington, le zélé fondateur de la liberté de son pays, l'ami, le compagnon d'armes de notre Lafayette.

Les trois frères venaient d'échapper au fléau de la fièvre jaune, lorsqu'ils apprirent la déportation de leur mère en Espagne. Leurs efforts pour se rendre auprès d'elle furent sans résultats : la politique des cours s'y opposa. Réduits à errer d'île en île, de rivage en rivage, ils purent enfin arriver à Londres en février 1800.

Aussi bon fils que bon citoyen, Louis-Philippe brûlait du désir de revoir sa mère. Ses frères partageaient les mêmes sentimens. Ils s'embarquèrent pour Minorque. L'armée de Condé devait se réunir dans cette île à l'armée anglaise. On offrit aux jeunes princes de faire cause commune avec les émigrés. Ils repoussèrent cette ouverture avec indignation. Leur voyage devint inutile : la guerre entre l'Angleterre et l'Espagne les força de retourner sur leurs pas sans avoir pu revoir leur mère.

Louis-Philippe fit choix d'une demeure simple et agréable, située à Twickenham où il vécut plusieurs années , aimé et estimé de tous ses voisins , cherchant des consolations dans l'étude des lois et de l'économie politique. En 1807, il eut le malheur de perdre son frère, le duc de Montpensier, d'une maladie de poitrine. L'année suivante, le comte de Beaujolais, son autre frère, succomba à la même maladie, à Malte, où il l'avait conduit, sur l'avis des docteurs anglais. De Malte, il se rendit à Palerme auprès de Ferdinand IV, roi de Sicile, qui lui en avait adressé l'invitation. Ce monarque le reçut très-cordialement et lui laissa même entrevoir dès-lors le désir de l'unir un jour à sa fille.

Enfin après seize années de la plus cruelle séparation, il lui fut donné de revoir sa mère. Cette princesse vint assister au mariage de son fils avec la fille du roi de Sicile, qui eut lieu en 1809.

En 1810, la régence de Cadix écrivit à ce prince, au nom de la liberté, de venir lui prêter son appui. Il s'empressa de se rendre à cet appel, mais les intrigues de la cour britannique l'obligèrent bientôt de retourner à Palerme.

La déchéance de Napoléon, en 1814, rouvrit à Louis-Philippe les portes de sa patrie. Il partit aussitôt pour Paris où il arriva le 15 mai. Deux mois après, il alla chercher sa famille à Palerme et l'amena en France. Il y goûtait une vie paisible et heureuse au milieu de ses chers concitoyens, lorsque la conduite impolitique et déloyale de la cour vint, pour ainsi dire, favoriser la réapparition de Napoléon sur la scène du monde. Louis-Philippe fit partir sa femme et ses enfans pour l'Angleterre, et prit le commandement des départemens du Nord que lui avait confié Louis XVIII. Il visita les places de Douai, Cambrai, Lille, et exhorta partout les citoyens à éviter la guerre civile, à se rallier autour de la Charte constitutionnelle, enfin *à n'admettre sous aucun prétexte dans nos places les troupes étrangères.* Mais n'ayant reçu aucune instruction ultérieure du roi, il fit bientôt savoir aux commandans de places qu'il n'avait plus d'ordres à leur communiquer, et partit pour rejoindre sa famille, après avoir écrit au maréchal Mortier une lettre très-remarquable, où l'on retrouve toujours les principes du meilleur français. Quelques jours après, le maréchal Mortier ayant montré cette lettre à Napoléon, l'empereur, après l'avoir lu , dit : *Oh! celui-là a toujours eu l'ame française.*

Avant de quitter Lille , Louis–Philippe avait serré la main d'un officier, en lui disant avec émotion : *moi aussi je les ai portées les couleurs nationales, et je voudrais bien les porter encore.*

Le Duc d'Orléans retourna à son habitation de Twickenham. Ne pouvant servir sa patrie, il refusa de prendre les armes contre elle , et garda la plus religieuse neutralité. Après les cent jours, il revint à Paris où il recueillit les marques d'intérêt que méritait sa conduite honorable; peu de temps après , il retourna auprès de sa famille en Angleterre.

Louis XVIII ayant admis les Princes à siéger à la chambre des Pairs , le Duc d'Orléans revint en toute hâte à Paris , dans le but de se montrer utile à son pays ; l'occasion s'en présenta bientôt. Des collèges électoraux , dignes organes d'une faction avide de vengeances et de places , envoyait au Roi des adresses pour solliciter de ses bontés *l'épuration des administrations publiques, et le châtiment des délits politiques.* Cette proposition fut accueillie par la commission de la chambre des Pairs chargée de l'adresse ;

un paragraphe particulier fut même rédigé à ce sujet. Mais plusieurs Pairs vraiment patriotes réclamèrent avec force contre ce paragraphe, notamment le Duc d'Orléans. Son langage, digne d'un grand homme d'état et d'un vrai citoyen, entraîna la majorité de l'assemblée, et la question préalable fut adoptée. Mais cette conduite noble ne produisit pas à la cour le même effet qu'à la chambre des Pairs. Des principes aussi généreux, aussi libéraux, devaient faire trembler les lâches partisans de l'absolutisme ; on songea donc à faire éloigner le *mauvais* Prince qui les professait. Le Duc d'Orléans fut invité à voyager, ou en d'autres termes, à changer le séjour de la France contre tout autre à son choix. Louis-Philippe retourna en Angleterre expier son patriotisme par un exil de dix-huit mois.

La permission de revenir en France lui fut accordée, en 1817, mais non celle de siéger à la chambre des Pairs. Le parti jésuitique, qui méditait l'abrutissement et l'esclavage des Français, aurait trouvé dans ce Prince un antagoniste trop redoutable. Le Duc d'Orléans, éloigné des affaires, en état perpétuel de suspicion auprès d'une cour anti-nationale, se consolait de ces prétendues disgrâces, au sein des douceurs de la vie privée. L'éducation de ses fils qu'il faisait élever populairement dans nos colléges, la protection qu'il accordait aux lettres et aux arts, les encouragemens nombreux qu'il donnait à l'industrie et au commerce, occupaient honorablement et charmaient tous les instans de sa vie.

C'est dans cet état paisible que la couronne est venue le surprendre. Il goûtait un repos précieux au sein de la plus belle position sociale ; le sacrifice lui en a été demandé au nom de la chose publique : fidèle à ses principes, il n'a pas hésité. Il a consenti à être notre Roi. Voilà le monarque digne de régner sur notre belle France.

Il nous faut un Roi populaire, qui nous traite comme ses amis, comme ses enfans ; et cette vertu qui distingue éminemment Louis-Philippe d'Orléans, est un des apanages héréditaires de sa famille. L'un de ses ancêtres, le célèbre Régent qui gouverna pendant la minorité de Louis XV, prenait souvent le parti du peuple contre les ministres. Un tumulte populaire s'étant élevé, lorsque l'agioteur Law menaçait l'état d'une banqueroute, il rejeta le conseil violent de réprimer les murmures par la force militaire. « Le peuple a raison s'il se soulève, dit le Prince, il est bien bon de souffrir tant de choses. » Le père de notre Philippe Ier, le feu Duc d'Orléans, tant calomnié par les écrivains prétendus royalistes, n'avait pas de vœu plus ardent que celui du bonheur du peuple. Dès 1787, il s'était fait exiler par Louis XVI pour avoir protesté énergiquement contre l'enregistrement d'un édit illégal. Sa conduite lors de la révolution fut une conséquence de ce même principe de justice et d'humanité.

Quant aux garanties qu'un nous donne Philippe Ier, Roi des Français, elles sont dans toutes les actions de sa vie, dans son esprit éclairé et laborieux, dans sa franchise qui rappelle celle du bon Béarnais, dans ses vertus sociales et privées. Il n'a pas préludé à la royauté par la rouerie et le libertinage ; il offre le modèle des époux et des pères de famille. La France n'a pas eu à s'épuiser pour payer ses dettes ; il savait, pendant l'émigration, se contenter du pain gagné par son travail. Jamais il n'a voulu s'engager dans les rangs des ennemis de la France ; il n'a jamais combattu que pour elle. Il ne passera pas sa vie au milieu des chiens et des piqueurs ; c'est au sein de son peuple qu'il vit dès-à-présent , afin de mieux connaître ses besoins. Il ne s'entourera ni de jésuites en soutanes noires , ni de jésuites en robes courtes ; il connaît trop bien leurs projets et ne saurait trop se tenir en garde contre leurs poignards. Enfin , il n'a aucun des vices de l'ex-Roi , et il possède toutes les qualités qui manquaient à ce despote. La plus douce récompense de son utile dévouement sera le bonheur de son peuple. Voilà quelle sera désormais sa noble ambition : voilà le ROI CITOYEN.

PARIS.— IMPRIMERIE DE DONDEY-DUPRÉ,
Rue Saint-Louis , No 46 , au Marais.